Tons do Sentir:
EMOÇÕES EM HARMONIA

Preparo de originais: Gabrielle Antunes
Supervisão de texto: Jéssica H. Furtado
Revisão: Alessandra Moreira

Ilustração: Renato Moreno
Capa: Geovanna Votto
Diagramação: Geovanna Votto

A editora não se responsabiliza pelo conteúdo da obra, formulada exclusivamente pelo(s) autor(es).
A editora não se responsabiliza pela manutenção, atualização e idioma dos sites referidos pelos autores nesta
obra. 1a Edição, 2024 — Edição revisada conforme o Acordo Ortográfico da Língua Portuguesa de 2009.
Publique seu livro com a Ases da Literatura. Para mais informações envie um e-mail para
originais@asesdaliteratura.com.br
Suporte técnico: A obra é comercializada da forma em que está, sem direito a suporte técnico ou orientação
pessoal/exclusiva ao leitor.

Catalogação na publicação
Elaborada por Bibliotecária Janaina Ramos – CRB-8/9166

M149t

Machado, Ana Maria

Tons do sentir: emoções em harmonia / Ana Maria Machado. – Rio de Janeiro:
Ases da Literatura, 2024.

28 p., il.; 17 X 24 cm

ISBN 978-65-5420-888-8

1. Literatura infantil. I. Machado, Ana Maria. II. Título.

CDD 028.5

Índice para catálogo sistemático
I. Literatura infantil

Ana Maria Machado

Ilustrações: Renato Moreno

asinha

Tons do Sentir:
EMOÇÕES EM HARMONIA

Dedicatória

Ao meu pequeno Tom, que, com tantos tons,
coloriu e preencheu a minha vida!

Agradecimentos

Todo o meu amor e eterna gratidão a todos aqueles que, indireta ou diretamente, apoiaram, incentivaram, inspiraram e contribuíram para a concretização deste livro, em especial a Deus, a João Batista, à Celia, a Lucas, a William, a José Tomás e a toda a equipe da Editora Ases da Literatura.

Prefácio

Querido(a) leitor(a),

É com imensa alegria e gratidão que compartilho com você esta obra, fruto de um mergulho no maravilhoso e profundo universo das emoções. Desde tempos muito remotos, as histórias têm sido poderosos meios de transmitir valores, ensinamentos e de aguçar e construir o imaginário das crianças. Neste livro, caminhamos juntos em um mundo onde as emoções ganham vida, mostrando sua importância e formas de lidar com elas de maneira saudável.

Assim como Tom com vovó Clara, pude descobrir e aprender que cada emoção é como uma bússola interna que, no complexo e belo tecido da vida humana, orienta-nos através dos mundos interior e exterior. A alegria nos motiva a buscar conexões e realizações, a tristeza nos permite processar perdas e mudanças, a raiva sinaliza violações de nossos limites, o medo nos protege de ameaças, mantendo-nos em alerta, e o nojo nos afasta de potenciais perigos, que podem nos fazer mal. Assim, é fundamental que tanto adultos como crianças compreendam e respeitem cada uma dessas emoções em sua complexidade e importância singular, para que elas tenham espaço para serem saudavelmente expressas.

O livro que você agora tem nas mãos não é apenas uma história, mas uma ferramenta para que pais, educadores e outros adultos que convivem com crianças possam refletir, dialogar e agir sobre as emoções. Que estas páginas sirvam como um guia amoroso em um caminho de autoconhecimento e crescimento emocional, para que, juntos, possamos construir um mundo onde o entendimento e a aceitação das emoções sejam base para relações mais saudáveis e plenas, e para o estabelecimento de vínculos mais fortes.

Com imenso carinho,

A autora.

Este é Tom, um garoto adoravelmente encantador e muito curioso. Ele aprecia explorar novos mundos, brincar e aprender coisas novas, todos os dias. Seu interior é como um grande mosaico de emoções, que o torna alguém muito especial.

Um dia, Tom conheceu a vovó Clara, uma mulher muito sábia, gentil e que sabia muito sobre as emoções. Vovó Clara percebeu que Tom estava muito agitado e, carinhosamente, perguntou:

— Tom, Tom… O que está mexendo com você hoje?

Tom, então, compartilhou com vovó Clara suas emoções: como ele ficava bravo quando as coisas não aconteciam como ele queria, triste quando seus amigos não brincavam com ele, mas feliz quando estava com quem amava ou fazendo o que gostava. Falou, também, sobre como ele sentia medo de algumas situações novas e, ainda, nojo de certas coisas.

Ao terminar de escutá-lo, vovó Clara sorriu e disse:

— Tom, é muito bom dividir o que você sente. É normal sentir todas essas emoções, e elas são como notas de uma música dentro de cada um de nós. Vamos juntos, então, descobrir como harmonizá-las?

E, assim, começou a jornada de Tom e vovó Clara, explorando e encontrando maneiras de lidar com a alegria, a raiva, a tristeza, o medo e o nojo.

Vovó Clara explicou para Tom que, além de serem normais, cada emoção tem um papel importante, e, enquanto Tom aprendia sobre cada emoção, eles cantavam músicas especiais que vovó Clara compôs:

"Alegria, raiva, tristeza, nojo, medo,
emoções em harmonia.
Cada nota em nosso coração, uma linda sinfonia.
Seja feliz ou triste, deixe fluir com poesia.
Emoções são como música, enchem
nossa vida de magia."

Alegria, a exploradora: alegria é uma sensação boa e animada, cheia de energia e de curiosidade. Vovó Clara ensinou a Tom que a alegria é uma emoção agradável que nos faz sentir bem, e que é como um Sol brilhante dentro de nós, iluminando os nossos dias.

— Quando estamos alegres, nosso corpo se enche de coisas boas que nos deixam contentes — explicou ela. Para sentir mais alegria, eles dançaram e exploraram coisas divertidas ao redor, cantando:

"Alegria no peito, coração batendo forte,
com sorriso no rosto, é uma verdadeira sorte.
Uma grande euforia espalhada pelo ar,
vamos, celebremos juntos, é hora de festejar."

Raiva, a guardiã: raiva é um sentimento forte e poderoso, cheio de coragem. Vovó Clara explicou que a raiva é normal quando nos sentimos ameaçados ou tratados injustamente, e que é como um trovão, que ajuda a nos proteger quando algo nos incomoda.

— Quando ficamos com raiva, nosso corpo se prepara para lidar com isso — disse ela. Para enfrentar a raiva, vovó Clara ensinou Tom a respirar fundo e contar até dez antes de responder a algo que o deixava chateado. E cantaram:

"Raiva no peito, emoção pulsando forte,
é um sinal de alerta, proteção, é um suporte.
Vamos entender, controlar e direcionar,
para que, em harmonia, nós possamos caminhar."

1234

Tristeza, a companheira cuidadora: tristeza é uma emoção suave e reflexiva, assim como gentil e muito sensível. Vovó Clara explicou que a tristeza nos ajuda a entender momentos e situações difíceis e a nos conectar com os outros, e é como a chuva, que nos ajuda a limpar nossas mágoas e a nos vincular com as outras pessoas.

— Quando ficamos tristes, é nosso jeito de mostrar que algo importa para nós — disse ela. Para lidar com a tristeza, Tom e vovó Clara desenharam e conversaram sobre o que o deixava triste. E soltaram a voz:

"Tristeza no peito, lágrimas a rolar,
deixa a alma mais leve, para poder recomeçar.
Deixe a dor sair, pois logo vai passar,
Acolha esse momento, para poder se renovar."

Medo, o protetor cauteloso: medo é uma emoção que nos faz ficar atentos, sempre muito atentos e vigilantes. Vovó Clara explicou que o medo nos protege de coisas que podem ser perigosas, e é como um farol, iluminando os perigos à frente e preparando-nos para enfrentar desafios.

— Quando sentimos medo, esse é o modo como o nosso corpo nos diz para prestar atenção, mobilizando-se para garantir a nossa segurança — disse ela. Para lidar com o medo, vovó Clara e Tom imaginaram juntos, transformando coisas assustadoras em coisas engraçadas. E continuaram:

*"Medo no peito, alerta a pulsar,
uma sentinela nos guiando, a nos preparar.
Encaremos com coragem, deixemo-nos
transformar, pois, no medo, coisas boas
também podemos encontrar."*

HA
HA HA
HA
HA HA

Nojo, o protetor do bem-estar: nojo nos afasta de coisas que não são boas para nós, por ser muito vigilante e cuidadoso. Vovó Clara explicou que o nojo é como um escudo, que nos protege de coisas desagradáveis e que podem nos fazer mal.

— Nosso corpo quer nos proteger e está nos alertando para evitar algo prejudicial — disse ela. Para enfrentar o nojo, vovó Clara e Tom fizeram uma atividade prática, explorando texturas diferentes e entendendo as preferências dele. E fecharam assim:

"Nojo no peito, intuição a soar,
é um guardião, ajudando-nos a nos preservar.
Confie nesse instinto, deixe-o guiar,
para vivermos bem, sem nos contaminar."

Tom gostou do que aprendeu e agradeceu por todas as novas informações. Vovó Clara abraçou Tom e disse:

— Você é um garoto esperto e corajoso, Tom. Agora sabe como lidar com suas emoções de um jeito saudável.

Desde então, Tom praticava o que aprendeu sempre que suas emoções ficavam intensas: dançava quando sentia alegria, respirava quando estava com raiva, conversava sobre a tristeza, imaginava coisas engraçadas para o medo e respeitava o nojo.

E, assim, as aventuras de Tom continuaram. Ele se tornou um garoto mais sábio e corajoso, compartilhando com todos sobre as emoções e como lidar com elas de um jeito especial, pois aprendeu a equilibrar e lidar com as suas próprias emoções de uma maneira saudável e feliz.

Ana Maria Machado

Ana Maria da Conceição Calixto Dantas Machado nasceu em 08 de dezembro de 1991, na cidade de Natal/RN. Passou toda a sua infância e a sua juventude no seu amado Nordeste, onde foi, dentre tantos outros papéis, filha, irmã, aluna e amiga. Graduou-se em Psicologia e especializou-se em Psicopedagogia no Processo Ensino-Aprendizagem. Mais tarde, deixou sua terra natal em busca de novos horizontes, indo para São Paulo, onde tornou-se Mestra em Educação, esposa e mãe. Hoje, inspirada pela magia da sua (desde sempre) amada literatura infantil, lança-se para o mundo como autora iniciante, inaugurando uma nova jornada de criatividade e imaginação. Com o coração cheio de sonhos e a mente repleta de ideias, ela deu vida ao seu primeiro título, que reflete sua paixão pela infância e pelo poder que as emoções tem em nossas vidas. Com uma escrita delicada e tocante, Ana Maria Machado convida seus leitores a embarcarem em aventuras encantadoras e cheias de significado e aprendizados. Este é apenas o começo de uma nova empreitada, onde cada página escrita é um passo em direção ao desejo de encantar e inspirar crianças de todas as idades.

Publique seu livro:

Não deixe de conhecer
os outros livros do
selo Asinha em:

www.asesdaliteratura.com